LE PENDULE,

ou

INDICATION ET EXAMEN

D'UN

PHÉNOMÈNE PHYSIOLOGIQUE

DÉPENDANT DE LA VOLONTÉ.

PAR J. DE BRICHE,

Chevalier de l'ordre royal de la Légion-d'Honneur, ancien Secrétaire
général de la Préfecture du Loiret.

Mens agitat molem. Virgile.

A PARIS,

CHEZ BACHELIER, IMPRIMEUR-LIBRAIRE
DU BUREAU DES LONGITUDES ET DE L'ÉCOLE POLYTECHNIQUE,
Quai des Augustins, 55.

A ORLÉANS,

CHEZ J. GARNIER, LIBRAIRE, RUE ROYALE, 94.

1838.

(C.)

AVANT-PROPOS.

Quelques expériences incomplètes, quelques faits mal observés ont donné naissance, vers la fin du siècle dernier, à la question que je me propose de traiter.

Y avait-il utilité à reprendre et à poursuivre ces recherches sur un objet qui paraît, au premier abord, assez dépourvu d'intérêt et presque futile ? Je suis porté à le croire, puisque d'une part elles conduisent à prouver aujourd'hui, d'une manière incontestable, l'existence d'un phénomène qui se rattache aux théories généralement admises par les savants modernes, et que d'une autre part la connaissance acquise de ce phénomène peut aider à soulever un coin du voile qui nous dérobe les mystères impénétrables de la nature dans la production spontanée et dans les résultats des actes de la volonté.

Du reste, les faits que je vais exposer sont tellement en dehors des opinions reçues, qu'on commencera nécessairement, sinon par les nier, du moins par les révoquer en doute.

Je ne demande pas qu'on croie sur parole, qu'on admette mes convictions sans examen ; et je dirai à mes lecteurs, si j'en trouve : *Essayez, observez* et *prononcez*.

LE PENDULE,

ou

INDICATION ET EXAMEN

d'un Phénomène physiologique dépendant de la volonté.

EXPOSITION DU PHÉNOMÈNE.

Parmi les actes innombrables que peut produire ma volonté, j'en choisis un au hasard ; par exemple : je veux ramasser une pierre que je vois à mes pieds pour la lancer vers un objet situé à quelque distance. Aussitôt, les déterminations spontanées de ma volonté se transmettent, avec la rapidité de la commotion électrique, aux appareils de mon corps chargés de l'exécution. Je m'incline, mon bras se dirige vers la pierre, ma main la saisit et la balance pour lui imprimer le mouvement de projection et la direction vers le but qu'elle doit atteindre.

J'interroge le physiologiste pour savoir comment s'est accomplie cette succession d'opérations si compliquées, si multipliées. Il me répond que ma volonté a agi sur *l'appareil sensitif*, qui se compose du cerveau et des nerfs ; que si, à cet appareil, on joint les muscles et les os auxquels ils sont fortement attachés, on aura l'appareil complet qui produit le mouvement dans les différents organes, et que ceux-ci communiquent aux objets exté- rieurs.

Les nerfs, ajoute-t-il, sont des cordons qui prennent leur origine dans le cerveau, considéré comme centre, d'où ils se distribuent dans toute l'économie. Ces cordons se groupent par branches, les branches en rameaux qui, s'épanouissant par filamens très-déliés, se terminent, les uns dans les muscles, les autres à la surface du corps. La réunion des rameaux aux branches, et des branches au tronc, qui se perd dans le cerveau, a lieu par juxta-position, en sorte que les filaments, même les plus déliés, conservent leur individualité de- puis la surface jusqu'au cerveau; d'où il résulte que l'excitation imprimée au cerveau par la volonté, se communique, sans confusion, à chaque point déterminé pour produire les mouvements voulus.

Après m'avoir décrit cet appareil sensitif et ses fonctions, le physiologiste m'apprend encore que quelques philosophes attribuent le phénomène de l'impression du mouvement, par le cerveau, aux nerfs, muscles, etc., à une certaine *force vitale;* mais qu'au lieu d'admettre cet agent inconnu qui explique tout sans rien expliquer, il vaut mieux reconnaître avec nos savants modernes, et sous l'autorité très imposante de l'un des plus illustres d'entre eux, M. Ampère, que « dans le cerveau, « centre de nos sensations, il se forme une per-

« pétuelle combustion de phosphore. Or, lors-
« qu'on voit, dans nos laboratoires, la combustion
« artificielle du phosphore se faire avec produc-
« tion d'électricité, on ne peut refuser des résul-
« tats semblables à la combustion naturelle. Ce
« phosphore, ainsi brûlé, est absorbé, et passe
« dans la circulation, se combine avec la chaux, et
« va se déposer dans les os, ou bien est rejeté par
« l'appareil dépuratoire. Il se forme donc dans
« notre corps un courant électrique émanant du
« cerveau. » (1) D'où l'on pourrait conclure que
l'électricité est l'agent chargé par la nature de
transmettre à la plupart des organes les ordres de
l'intelligence et de la volonté !

Si j'insiste, et si je demande comment la volonté,
acte immatériel de l'intelligence, agit sur le cerveau, corps matériel, et le fait fonctionner d'une
manière quelconque pour produire des mouvements déterminés, le physiologiste me renvoie au
métaphysicien; et je confesse humblement avec
celui-ci que Dieu n'a pas donné à l'homme de pé-
nétrer le mystère de l'action de l'esprit sur la matière.

(1) J'extrais ce passage remarquable, sur lequel je reviendrai plus
tard, d'une leçon orale de M. Ampère sur la *Physiologie végétale*,
leçon recueillie par M. Petit, professeur de physique et de chimie au
collége royal d'Orléans. Son manuscrit est d'autant plus précieux qu'il
a été revu par M. Ampère lui-même, qui y a ajouté un assez grand nombre de notes autographes. C'est à l'amitié et à l'obligeance de M. Petit
que je dois cette communication.

8

En dernière analyse, l'homme *veut* par la pensée : il *exécute* par les mouvements de son corps qui obéit à sa volonté. « La volonté de l'homme, « douée d'une efficacité réelle, le fait donc participer au véritable caractère d'une *cause première*, suivant les limites de son organisation (1).

Quoi qu'il en soit de cette cause première, de cette faculté que nous appelons volonté, ce que nous savons jusqu'à présent de ses effets, c'est que pour qu'elle produise le mouvement dans un autre corps, il faut : 1º qu'il y ait préalablement mouvement produit dans le corps animé d'où émane la volonté : 2º que, pour la communication du mouvement, il y ait impulsion ou choc apparent du corps animé sur le corps extérieur auquel le mouvement doit être communiqué ; car la volonté n'agit que médiatement sur les corps extérieurs.

Mais pour la communication du mouvement, est-il de nécessité absolue, que l'être qui *veut* exécute un mouvement préalable et communicable ? et sous certaines conditions, la volonté de produire tel ou tel mouvement dans un corps extérieur, ne suffit-elle pas pour l'y déterminer par le simple contact immédiat, soit même médiat et à distance ? En sorte que la pensée et le contact sans mouvement, puissent produire le mouvement.

---

(1) Voir les *Etudes de la Philosophie*, par M. de Cardaillac, membre distingué de l'Université, tome 1er, page 380.

Telle est la question que je me propose d'examiner. Elle n'est point dépourvue d'intérêt, puisqu'elle peut jeter quelque lumière sur un point aussi obscur qu'important de la physiologie. Toutefois les résultats où m'a conduit l'examen de cette question sont tellement étrangers au but de mes premières recherches, et tellement éloignés des opinions reçues jusqu'à présent, qu'on me pardonnera sans doute de tracer un précis historique des essais sur le pendule, et d'indiquer par quelle suite d'illusions et d'erreurs j'ai été conduit, presque fortuitement, à des résultats d'une vérité incontestable.

Précis historique des premières recherches sur le Pendule.

Un physicien du siècle dernier, l'abbé Fortis (1), avait annoncé qu'en suspendant un cube de pyrite à un fil placé entre le pouce et l'index, et en l'approchant d'un autre corps, le pendule prenait spontanément, et sans aucune impulsion de la main, un mouvement circulaire.

En 1807, un journal allemand, le *Morgen-Blatt*, et un ouvrage périodique publié en France, les *Archives littéraires*, rendirent un compte dé-

---

(1) Né à Vicence en 1740, mort à Bologne en 1803; physicien, naturaliste, littérateur, auteur de plusieurs ouvrages, et secrétaire perpétuel de l'Institut national d'Italie, fondé par Bonaparte.

taillé des recherches et des essais de Ritter (1) sur le pendule de Fortis.

En 1808, le docteur Gerboin, professeur à l'école spéciale de médecine de Strasbourg, publia sur le même sujet un ouvrage intitulé : *Recherches expérimentales sur un nouveau mode d'action électrique* (2). L'auteur dit que dans l'hiver de 1798, il découvrit avec deux de ses amis, le mouvement spontané du pendule, en observant les jeux d'un enfant à qui l'on avait donné, pour l'amuser, une sphère de bois creuse, suspendue à un fil, et renfermant quelques graines. L'enfant ayant entouré à l'un de ses doigts le fil qui soutenait la sphère, et ayant étendu le bras, les trois spectateurs crurent s'apercevoir que la sphère, après quelques oscillations irrégulières, décrivait un cercle bien formé, et dont le diamètre allait en s'agrandissant. Ils répétèrent eux-mêmes et varièrent cette première épreuve. Les faits que M. Gerboin recueillit d'un grand nombre d'expériences, le conduisirent

---

(1) Ritter (Jean Guillaume), né à Samitz en Silésie, mort à Munich en 1810 ; l'un des physiciens les plus célèbres de l'Allemagne dans les temps modernes. Il s'est beaucoup occupé du galvanisme, et il croyait qu'*une action galvanique accompagnait toujours les phénomènes de la vie*. Il avait adopté l'idée d'une force occulte qu'il nommait *sydérisme*, *à laquelle il attribuait le pouvoir d'influer par la pensée sur les petites masses, surtout métalliques.* Il était partisan du *magnétisme animal* qu'il espérait lier aux autres phénomènes de la physique. (Voir la Biographie universelle de Michaud, à l'article Ritter.)

(2) Imprimé à Strasbourg chez Levrault, et présenté dans le temps à l'Institut. Les journaux de l'époque en ont rendu compte.

à penser que le phénomène du pendule tenait à l'action électrique. Il n'est pas à ma connaissance que depuis son ouvrage on ait rien publié sur le pendule.

Dès l'année 1808, j'avais répété la plupart des expériences indiquées par MM. Ritter et Gerboin, et j'avais reconnu, comme eux, la réalité des mouvements du pendule placé entre le pouce et l'index ou les autres doigts; mais la main qui opérait ne reposant sur aucun appui immobile, on pouvait attribuer les oscillations du pendule au léger mouvement des doigts, produit soit par les pulsations de l'artère, soit par la fatigue du bras, soit par toute autre cause mécanique. M. Gerboin avait bien reconnu la nécessité de fixer la main pour arriver à des résultats concluants : mais il ne croyait pas la chose possible, parce qu'admettant le fluide électrique comme principe moteur dans le jeu du pendule, il regardait toute communication du fil suspenseur avec un autre corps que la main de l'opérateur, comme devant interrompre nécessairement l'action du pendule. Cette erreur, que je partageai alors sans examen, me fit renoncer à toute investigation ultérieure sur un fait qui me paraît ne pouvoir conduire à aucuns résultats précis et dignes d'attention.

Illusion et erreur sur la cause du mouvement du Pendule.

Toutefois, en 1828, je profitai de quelques moments de loisir pour répéter une des expériences de Ritter, qui prétendait avoir reconnu que si l'on place le pendule au-dessus et assez près d'un vase à large orifice, rempli d'eau, il prend un mouvement circulaire de gauche à droite.

Ayant tout disposé comme l'indiquait Ritter, je trouvai que le pendule placé entre le pouce et l'index, non-seulement tournait de gauche à droite, mais qu'il oscillait en différents sens, suivant qu'il répondait à différents points de la surface de l'eau, et que les mêmes effets se reproduisaient constamment dans les mêmes circonstances. Comme j'opérais toujours dans le même local, dans la même position où j'étais *orienté*, c'est-à-dire dont je connaissais la direction relativement à la *méridienne*, je finis par me faire illusion au point de croire que j'avais acquis la preuve que, lorsque je tenais le pendule au-dessus du centre de figure de la surface de l'eau, il prenait invariablement un mouvement d'oscillation *dans le sens de la méridienne;* qu'en portant le pendule hors de cette ligne, vers l'*ouest*, le mouvement devenait circulaire de *droite à gauche*, et qu'en le plaçant dans la région *est*, le mouvement s'exécutait en sens opposé, c'est-à-dire de *gauche à droite* : (1) d'où je concluais que le pendule, sous l'influence des doigts, obéissait à une loi quelconque de la nature, en vertu de laquelle il pouvait, comme l'*aiguille aimantée*, indiquer la situation des pôles.

A la suite d'un grand nombre d'expériences qui me donnaient toujours les mêmes résultats, mais toujours dans le même local, ils me parurent si constants, si extraordinaires que je crus devoir les consigner dans une *notice* que j'adressai à M. Ampère, en le priant de la soumettre à l'Institut, s'il le jugeait convenable. Il invita un de ses collègues, M. Becquerel, à examiner mon travail ; et ce dernier ayant eu occasion de venir à Orléans, eut l'obligeance d'en conférer avec moi ; je répétai devant lui quelques-unes de mes expériences à l'aide d'un appareil assez défectueux dont je m'aidais alors pour fixer ma main. Ce savant académicien m'objecta avec raison qu'il était difficile, d'après ma manière d'opérer, d'asseoir un jugement sur les effets obtenus, attendu que le support du pendule n'étant pas suffisamment stable, recevait nécessairement de la main des mouvements involontaires qui, quelque légers qu'ils

---

(1) En supposant l'observateur placé au point O, (Fig. 2 de la planche.), j'appelle mouvement circulaire de *droite à gauche*, ainsi que l'indique la flèche, celui qui s'exécute de A en B, C et D ; et mouvement circulaire de *gauche à droite*, celui qui s'exécute de *a* en *b*, *c* et *d*.

fussent, devaient, en s'accumulant, influer sur le pendule; qu'il était d'autant plus essentiel d'écarter toute cause d'erreur, que le phénomène, dont je croyais avoir acquis la preuve, ne se rattachait à aucun des faits physiques connus jusqu'à présent.

Profitant des judicieuses observations de M. Becquerel, je variai mes appareils de suspension jusqu'à ce que je fusse parvenu à en trouver un extrêmement simple qui remplît toutes les conditions de stabilité, et que je décrirai plus bas. J'en obtins les mêmes résultats qui me confirmèrent dans mes premières suppositions, tout erronées qu'elles étaient; et, sous l'empire de mes illusions, j'adressai à M. Arago un second mémoire ayant pour titre : *Notices sur un nouveau phénomène physique.* Il en fut donné lecture à l'Académie des sciences, dans sa séance du 23 septembre 1833. MM. Ampère et Savart furent nommés commissaires pour l'examen de ce mémoire, dont les journaux, entre autres le *Globe*, ont rendu un compte assez détaillé pour que je me dispense d'en donner le précis, qui ne reproduirait d'ailleurs que des erreurs quant aux conclusions, bien que les effets produits sur le pendule fussent réels.

Avant de passer outre, je dois signaler la cause d'erreur qui m'avait entraîné presque invinciblement dans une fausse hypothèse. Les nombreuses expériences sur lesquelles je m'appuyais, étaient toutes faites, comme je l'ai dit, dans des lieux dont je connaissais d'avance la situation relativement *à la méridienne;* en sorte que je me trouvais sollicité par la propension d'une volonté dont je ne me rendais pas compte, à obtenir du pendule des mouvements conformes à ce que je désirais ; ce qui avait effectivement lieu, non en vertu d'une loi naturelle que je supposais gratuitement, mais par suite de ma *volition* (1). Ainsi, plus je répétais mes expériences, plus j'acquérais la faculté d'arriver à des résultats conformes au but d'une volonté préexistante, et plus mes épreuves contribuaient à me confirmer dans une illusion qui serait encore complète, si une circonstance imprévue n'était venue la détruire, et ne m'avait ramené à ce qu'il y avait de réel et de positif dans mes expériences.

Véritable cause du mouvement du Pendule.

Me trouvant à la campagne en 1835, logé dans une chambre où je n'avais pas encore cherché à m'orienter, je voulus y déterminer la direction de la méridienne, d'après mon système, à l'aide du pendule. A mon grand étonnement, il se tint en repos, et j'attendis en vain qu'il accomplît ses mouvements d'après la loi supposée. Mais en re-

---

(1) Je me sers de ce terme de l'Ecole, qui distingue la *volonté* qui exécute, de la *volition* qui est toujours déterminée par un motif.

vanche je trouvai, en poursuivant mes essais, que le pendule obéissait ponctuellement aux ordres successifs de ma volonté qui suffisait pour lui faire exécuter tous les mouvements voulus. Dès lors les illusions s'évanouirent, et la question se réduisit à ce simple énoncé :

Le Pendule, sous le simple contact des doigts, et sans aucune impulsion sensible communiquée par la main de celui qui opère, prend toutes les oscillations que lui commande la volonté de l'opérateur.

Parvenu à ce résultat, je m'empressai d'en faire part à M. Savart, afin d'être le premier à rectifier ce qu'avait de défectueux et d'erroné le mémoire soumis à son examen.

J'arrive aux preuves de l'existence et de la cause du phénomène; et je désire vivement que, sans adopter ou récuser de premier abord mon témoignage, on veuille bien prendre la peine de répéter, même de modifier et d'étendre les expériences sur lesquelles je me fonde. Je puis affirmer qu'elles ont réussi à tous ceux qui ont opéré comme je le leur indiquais : et d'ailleurs, comme il ne s'agit que de *vouloir* pour faire osciller le pendule dans des directions données, on conçoit que tout individu est apte à produire cet effet, mais avec plus ou moins de facilité suivant sa constitution physique, suivant son idiosyncrasie et le plus ou moins d'énergie de sa volonté.

Description de l'appareil servant aux expériences.

Dans le but de faciliter les moyens d'opérer aux personnes qui voudront s'occuper de ces expériences, et pour leur éviter beaucoup de tâtonnements inutiles, je vais décrire l'appareil dont je me sers, si l'on peut donner le nom d'appareil à une machine aussi simple. Il consiste, ainsi que l'indique la figure 1re de la planche, en une petite banquette ou escabelle en bois d'environ 30 centimètres de hauteur sur autant de longueur, et de 13 à 14 centimètres de largeur. L'épaisseur de la tablette est de 20 à 25 millimètres. Je pose cette banquette sur une table solide, et pour l'y fixer d'une manière stable, ses quatre points d'appui portent extérieurement des équerres ou talons en fer plat R, R, R, R, qui lui donnent plus d'assiette, et que je charge de chaque côté d'un poids de 20 kilogrammes.

J'attache à l'extrémité d'un fil très-délié de soie, de chanvre, de lin, de laine ou de coton, un corps léger d'une matière quelconque, tel qu'un anneau, une petite balle, une pièce de monnaie, un petit disque en métal, en bois, ou en carton. Je me sers de préférence de petites calottes sphériques en cuivre P, P, P, percées dans leur axe pour donner passage au fil suspenseur, et du poids de 4 à 5 grammes : mais il s'en faut de beaucoup que ces petites dimensions soient de rigueur pour la réussite des expériences ; car je fais osciller et circuler très-facilement et très-promptement une sphère en buis P, de 50 millimètres de diamètre, et du poids de 56 grammes. J'ai employé des corps plus pesants et de toute forme. Les effets deviennent même plus apparents et plus sensibles en employant des pendules de plus grande dimension.

Ayant préparé de cette manière plusieurs pendules, je les fixe sur les rebords de la tablette où ils sont retenus par de petites pelottes en cire C. La figure représente un de ces pendules dont le fil traverse la tablette par un trou qui y est pratiqué, disposition également convenable. Pour un poids de 4 à 6 grammes, je donne aux pendules une longueur de 20 à 24 centimètres, ce qui suffit pour que l'on puisse apprécier les oscillations.

Enfin je place au-dessous du pendule une petite planchette en bois ou en carton M, ou un cube N, dont la face supérieure présente des diagonales et des perpendiculaires qui passent par le centre de figure. Je fais répondre verticalement à ce centre celui de la base du pendule. Cette partie de l'appareil n'a d'autre objet que de faire reconnaitre plus facilement la direction des oscillations du pendule dans un tel ou tel sens, de désigner celui dans lequel on veut qu'il se meuve, afin de mieux juger des mouvements circulaires ou elliptiques qu'on lui imprime soit de gauche à droite, soit de droite à gauche.

Je n'indique du reste cet appareil et ses dimensions que parce qu'il rend les opérations et les observations plus faciles, que parce qu'il m'a toujours réussi pour faire jouer le pendule. Je suis d'ailleurs porté à croire qu'il existe des relations obligées de grandeur entre l'appareil et le corps animé qui opère, dimensions dont on ne doit pas dépasser les limites, si l'on veut obtenir des effets bien appréciables. Toutefois, j'ai la preuve acquise que le pendule fonctionne de même si on le fixe sur un meuble quelconque, par exemple, sur une grande table, sur une commode ou un buffet, sur une tablette de cheminée, etc., etc., pourvu que le dessus du meuble déborde un peu, de manière à ce que le pendule se mouve librement et sans contact avec les parois verticales.

Si l'on craint que l'air ambiant, dans une chambre mal fermée, n'agite le pendule, on le laisse pendre dans un récipient en verre dont l'ouverture est placée en haut.

Enfin pour s'assurer si l'appareil est bien stable et immobile, on place sur sa tablette un verre plein d'eau, dont la surface indiquerait, par ses petites ondes, le plus léger mouvement imprimé au support.

EXPÉRIENCES.

Les choses ainsi disposées, on peut procéder aux expériences, comme je vais l'indiquer, en ne faisant d'abord usage que d'un pendule.

(*a*) Le pendule étant en repos, on pose légèrement un ou plusieurs doigts d'une ou des deux mains en *d*, *d*, etc., près de la petite pelotte de cire C qui retient le pendule, et de manière à ce que l'extrémité du fil suspenseur soit engagée sous un ou deux doigts; ce qui n'est pas même nécessaire, car il suffit que les doigts soient posés à proximité du fil, sans le toucher.

(*b*) Si dans cette position des doigts, dont l'immobilité n'est pas une condition requise, puisqu'ils ne peuvent imprimer aucun mouvement à l'appareil à raison de sa stabilité, votre volonté se détermine pour que le pendule reste à l'état de repos, il ne prendra aucun mouvement.

(*c*) Mais si au bout de quelques instants de contact, votre volonté se prononce pour que le pendule oscille dans telle ou telle direction que vous pouvez indiquer à l'avance par les lignes tracées sur la planchette, ou bien qu'il prenne un mouvement circulaire soit de gauche à droite, soit de droite à gauche, vous le verrez presque instantanément exécuter le mouvement voulu, et d'une manière assez prononcée pour qu'il n'y ait pas lieu de s'y méprendre.

(*d*) Je dois faire observer ici qu'en même temps que la volonté se prononce, il faut, dans cette expérience comme dans les suivantes, que les yeux fixent le pendule, et l'aident, pour ainsi dire, à exécuter l'ordre, comme si l'empire du regard ajoutait à l'énergie de l'acte de la volonté. Si l'on détourne la vue du pendule, si l'on fixe les yeux sur d'autres objets, si on les ferme, enfin si l'on interpose un corps opaque entre l'appareil et les yeux de l'opérateur, les mouvements du pendule deviennent incertains, bien que la volonté persiste; ils finissent insensiblement par s'arrêter. Cette circonstance remarquable du phénomène, cette puissance du regard n'aura plus lieu d'étonner d'après ce qui sera dit plus bas.

(*e*) Pour faire passer le pendule d'un mouvement à un autre, on conçoit qu'il suffit d'ôter les doigts du support, et d'attendre que le pendule soit retourné à son état de repos; mais il n'est pas nécessaire d'interrompre son mouvement actuel pour lui en faire prendre un autre. En laissant les doigts sur le support, on conduit aisément le pendule à une autre direction par des actes successifs de volonté qui le font passer par des oscillations intermédiaires propres à faciliter la transition et le changement de direction : ces évolutions, qui s'exécutent avec une certaine lenteur, donnent une preuve bien sensible de l'influence de la volonté sur le pendule.

(*f*) J'ai dit (*Expérience a*) qu'il n'était pas nécessaire que l'extrémité supérieure du fil suspenseur fût engagée sous les doigts, et qu'il suffisait que ceux-ci fussent posés sur le support à proximité, et même à quelque distance de ce fil. Le contact des doigts avec le pendule n'a donc pas besoin d'être immédiat : et en effet, si l'on place sur le support une planchette, une feuille de carton, un livre, une règle métallique, et qu'on place les doigts sur quelques points de ces corps interposés, les mouvements voulus s'exécutent également par ce *contact médiat*.

(*g*) Si au lieu d'interposer un corps inanimé entre le support et les doigts, on fait placer les doigts d'une autre personne sur le support, et que l'opérateur applique les siens sur ceux-ci, il fera mouvoir le pendule suivant sa volonté propre ou dans le sens quelconque qui lui aura été désigné.

(*h*) Il y a plus : les doigts de l'autre personne restant posés sur le support, placez-vous derrière elle, et ramenez vos deux mains par devant pour appliquer vos doigts sur son front, l'acte de votre volonté suffira pour faire prendre au pendule les mouvements que vous aurez indiqués d'avance. Embrassez ensuite avec vos mains ses deux bras vers les épaules, ou aux avant-bras, vous obtiendrez encore les mêmes effets; ce qui doit faire supposer à cette distance, que votre propre fluide met en mouvement celui de la personne avec laquelle vous êtes en contact, et commande, pour ainsi dire, à ce dernier pour lui faire exécuter les actes de votre volonté.

Le corps intermédiaire peut donc être animé ou inanimé, et le phénomène a également lieu.

(*i*) L'effet du *contact médiat* n'est pas moins sensible, si l'on opère de la manière suivante : On prend par une de ses extrémités une règle métallique, (celle dont je me suis servi a 17 centimètres de longueur), et l'on applique l'autre extrémité sur la pelotte de cuivre. Au bout de quelques secondes de contact, le pendule exécute les mouvements qu'on a la volonté de lui imprimer.

Toutefois, je dois prévenir, relativement au contact médiat, que je n'ai pas trouvé que l'air atmosphérique fût un milieu qui puisse transmettre le mouvement au pendule, et qu'à quelque proximité du fil suspenseur qu'on tienne les doigts, il n'y a pas d'effet produit s'il n'y a pas contact, c'est-à-dire s'il y a une couche d'air interposée entre les doigts et les corps qui aboutissent au pendule.

(*j*) Lorsque plusieurs personnes posent en même temps les doigts sur le support avec la même volonté de faire prendre au même pendule une même direction, il exécute le mouvement voulu avec plus de promptitude et d'activité, sans doute parce que les actes particls de volonté conspirent au même but.

(*k*) Si l'on adapte au support un certain nom-

bre de pendules, comme l'indique la figure Ire,
et qu'on pose légèrement les doigts sur quelque
point O, intermédiaire aux points de suspension,
quel que soit le nombre des pendules, on les verra
prendre en même temps le mouvement voulu,
et en changer simultanément suivant les actes successifs de la volonté. Il faut remarquer toutefois
que les oscillations des pendules de longueurs dif-
férentes ne sont pas isochrones, mais qu'elles s'ac-
complissent dans les temps prescrits par les longueurs respectives des fils suspenseurs, c'est-à-dire
d'autant plus vite que ceux-ci sont plus courts.

(*l*) Si chacun des opérateurs rapproche ses doigts
d'une des pelottes de cire avec la volonté de faire
mouvoir le pendule qui en dépend dans une direction particulière, il y aura autant de mouvements
différents des pendules que d'actes différents de
volonté.

(*m*) Du reste, la même personne, agissant avec
chaque main sur deux pendules différents, peut
faire mouvoir l'un dans un sens, et l'autre dans un
autre sens, par des actes successifs et distincts de
sa volonté se .portant alternativement de l'un à
l'autre ; car on ne peut vouloir à la fois deux choses
distinctes. Le mouvement communiqué au premier pendule persiste, pendant que la volonté
met le second en action, et ainsi de suite.

(*n*) Puisque la volonté, à l'aide du simple contact, met le pendule en mouvement, il était présu-

mable qu'elle devait aussi contribuer à le ramener à l'état de repos; ce qui confirme l'expérience suivante :

Ayant adapté à la base du pendule P (Fig. 3), une pointe A, je pose en dessous un limbe vertical B C sur lequel est tracée une portion de cercle avec un rayon égal à la longueur totale du pendule. Cet arc de cercle, à partir de son point inférieur zéro, est divisé en 4 ou 5 degrés et en demi degrés à droite et à gauche du zéro; et l'extrémité A du pendule, dans son état de repos, répond au zéro. La longueur du pendule étant de 21 centimètres, si je porte la pointe A du pendule à 1 degré, à droite ou à gauche, et que je cesse de le soutenir, il retombera pour remonter au degré correspondant de l'autre côté, et, abandonné à lui-même, il continuera ses oscillations graduellement moindres d'amplitude jusqu'à ce qu'il revienne à l'état de repos, au bout de 12 à 15 minutes à très-peu près. Si je le reporte alors à la même hauteur, ou à 1 degré, et qu'au moment où il commence à osciller, je pose mes doigts sur le fil suspenseur, près de la pelotte de cire, avec la volonté persistante de faire cesser le mouvement, il s'affaiblira plus promptement que dans le premier cas, et au bout de 6 à 7 minutes il sera rendu à l'état de repos (1), c'est-à-dire en moitié moins de

___

(1) Ce n'est point un repos parfait, dans l'un et l'autre cas; mais les oscillations sont presque inappréciables au bout des temps indiqués.

temps que lorsqu'il est abandonné à lui-même. L'influence de la volonté sur les petites masses agit donc sensiblement dans ce cas, comme dans celui de l'oscillation produite par elle, contre la loi de la pesanteur, et est assez forte pour en triompher.

En rapportant cette expérience, je dois prévenir qu'elle laisse peut-être à désirer, quant à l'exactitude des résultats, parce qu'elle exigerait le concours de plusieurs observateurs, et que j'ai opéré seul, et obligé de partager mon attention.

(o) Ce petit appareil additionnel du limbe gradué (Fig. 3) a une autre utilité remarquable en ce qu'il peut servir à indiquer, et même à mesurer assez exactement l'énergie ou la force de la volonté du même opérateur à différents moments, ou de différents opérateurs, pour les comparer entre elles. En effet la pointe du pendule vertical (1) répondant à zéro de la graduation du limbe, si l'un des opérateurs applique les doigts sur le fil suspenseur, près de la pelotte de cire, il fera osciller le pendule dans le sens voulu, et au bout d'un temps déterminé, par exemple de 4 ou 5 minutes, le pendule atteindra telle ou telle division du limbe. Si un autre opérateur lui succède, le pendule

(1) On peut substituer au pendule armé d'une pointe à sa base une grosse aiguille à tapisserie, suspendue à un double fil de soie. Elle sert en même temps de pendule et d'index, et elle fonctionne très-facilement.

atteindra dans le même temps, ou le même degré, ou une autre division plus ou moins élevée, et que l'on pourra comparer numériquement à la première pour connaître le rapport des deux forces. Cet appareil pourrait donc être nommé à juste titre *Thélomètre* (2); c'est-à-dire mesureur de la force des volontés.

Avant de terminer ce qui concerne les expériences, je dois faire observer qu'on n'est pas toujours également bien disposé à opérer sur le pendule. L'état de souffrance et d'atonie, la fatigue, le froid, la constitution atmosphérique, etc., etc., la préoccupation de l'esprit, nuisent à la production du mouvement du pendule, l'empêchent même quelquefois d'avoir lieu. Si, par exemple, le bras et la main commencent à se fatiguer par la gêne de la position prolongée des doigts sur le support, quelques moments d'interruption et de repos deviennent nécessaires avant de reprendre les expériences.

Tels sont les principaux effets faciles à produire que j'ai recueillis d'un grand nombre d'essais qui s'accordent tous à prouver *l'action de la volonté sur le pendule, par le simple contact immédiat ou médiat, soit à grande proximité, soit même à distance.* Je ne doute pas qu'on ne puisse varier et modifier les expériences de manière à rendre

---

(2) Des deux mots grecs *thélô* je veux, je fais choix, et *metron*, mesure.

cette vérité encore plus incontestable, s'il est possible. J'appelle donc de tous mes vœux des mains plus habiles que les miennes, et dirigées par des connaissances plus étendues dans les sciences naturelles.

Conséquences et conjectures déduites des expériences.

Passons à l'examen des *causes secondaires* qui concourent avec la volition, considérée comme *cause première*, pour opérer le phénomène physiologique que je viens de signaler. Je me bornerai à appuyer mes conjectures sur les autorités les plus imposantes.

Puisqu'il y a mouvement produit dans le pendule par le simple contact et sans aucune impulsion extérieure communiquée au corps en repos par le corps animé qui *veut* le mouvement, il semble qu'on ne peut se dispenser d'admettre l'action d'un fluide quelconque, mis en jeu dans l'encéphale par l'acte de la volonté, et transmis par les nerfs, les muscles, le tissu cellulaire et les autres corps intermédiaires jusqu'au pendule. Mais quel est ce fluide, producteur du mouvement ?

Le cerveau, centre de nos sensations, de notre entendement, de notre volonté, est, suivant Ampère, un foyer de combustion perpétuelle du phosphore. Cette combustion naturelle, comme la combustion artificielle de la même substance, se fait avec production d'électricité.

A la suite et comme une conséquence de ce fait, vient l'opinion émise par Reid, Aldini, Humbold, et surtout par Cuvier, opinion adoptée par les savants modernes les plus distingués, et qui consiste à regarder le système nerveux comme l'agent formateur et conducteur d'un agent impondérable, *électrique* ou *galvanique*, agent à l'aide duquel on explique tous les phénomènes de l'*innervation:* on désigne par ce nom toutes les fonctions du système nerveux. « L'œil même, comme le dit le docteur Grimaud dans *ses Leçons de Physiologie*, « l'œil formé par un épanouissement du système « médullaire, est habituellement chargé de fluide « électrique, ainsi que le prouve ces espèces de « traits de lumière qui pétillent dans le globe de « l'œil, et qui sont très-brillants dans les person-« nes douées de beaucoup de vivacité. Ce qui « prouve que ce brillant est vraiment un phéno-« mène d'électricité, c'est que, comme l'a remar-« qué Gallien, les animaux dont les yeux jettent « des étincelles dans l'obscurité de la nuit, comme « le lion, le léopard et beaucoup d'autres, ne doi-« vent cette propriété qu'au mouvement rapide « de rotation qu'ils impriment au globe de l'œil. » Il n'est donc pas étonnant que dans les effets opérés sur le pendule (Expérience *d.*), le concours du regard, en produisant une excitation dans le cerveau, ne concoure puissamment à seconder l'acte de la volonté, et que ce concours ne soit peut-être même indispensable comme nous l'avons dit.

Le cerveau, les nerfs et les muscles, exécuteurs des actes de la volonté, ne pourraient-ils donc pas être considérés, ainsi qu'on l'a fait pour plusieurs autres de nos appareils internes, comme un *appareil galvanique*, comparable à celui de certains poissons électriques, tels que la *torpille*, la *gymnote*, la *silure*, qui produisent à volonté des décharges électriques, soit par contact immédiat, soit à distance par l'intermédiaire de l'eau.

Alors l'innervation, effet du fluide électrique mis en jeu par l'acte de la volonté, produirait par le simple contact, le mouvement dans la matière inanimée, et dans la matière animée, peut-être avec encore plus de facilité et d'énergie dans un corps animé, substance analogue à celle qui opère, douée comme elle des mêmes appareils et de la faculté d'innervation.

Dans cette hypothèse d'innervation, le *magnétisme animal*, rentrant dans le domaine de l'innervation, et par conséquent de l'électricité, serait, quant à ces effets réels et bien constatés, le produit des actes d'une volonté plus ou moins énergique.

Ce que l'on peut vouloir d'un corps inanimé, à l'aide du simple contact, c'est qu'il persiste dans son état de repos, ou bien qu'il se meuve dans telle ou telle direction. Mais, si par le simple contact sur telle ou telle partie d'un corps animé, la volonté peut mettre en mouvement le système nerveux de l'être en dehors, il devient possible que cette innervation artificielle se propage jusqu'au cerveau, et y détermine des influences, des excitations : il est possible que celui qui opère, *veuille*, pour ainsi dire, dans celui sur qui il opère ; que les actes de sa volonté s'exécutent par celui-ci, sans sa participation directe. Il est également possible que le mouvement qui résulte de la volonté s'exerçant sur un organe étranger, influe sur ses fonctions vitales, y produise des effets sensibles et appréciables qui peuvent devenir salutaires ou nuisibles à son économie. Du reste, j'abandonne ces conjectures sur le magnétisme à ceux qui cherchent la vérité de bonne foi, et qui se mettant en garde contre les illusions et les jongleries, s'en tiendront aux faits bien positifs, bien avérés, et qui ne répugnent en rien à une saine physiologie.

CONCLUSION.

En dernière analyse, le phénomène du pendule mu, comme on l'a expliqué, par l'acte de la volonté, à l'aide du simple contact médiat ou immédiat, paraît devoir être mis au nombre de ces questions mixtes où il existe de nombreux points de contact entre la métaphysique et la physique. Il mérite d'être étudié puisqu'il présente déjà quelques données nouvelles sur les rapports du physique et du moral de l'homme, et qu'il semble devoir conduire encore à d'autres résultats dignes de provoquer l'attention et les recherches de nos savants.

Chartres, Imprimerie de Garnier fils.

www.ingramcontent.com/pod-product-compliance
Lightning Source LLC
Chambersburg PA
CBHW060819280326
41934CB00010B/2743